AF210010

MITÄ KUULUU! 2
– Blanko

Kiitokset: tyttärelleni, pojalleni ja Teemu Iso-Kulmalalle...!
Veikoille baarin...!
Se kaikki mitä on!

Mitä kuuluu! 2

© 2019 Kari, Pekka

Kustantaja: BoD – Books on Demand, Helsinki, Suomi

Valmistaja: BoD – Books on Demand, Norderstedt, Saksa

ISBN: 978-952-3303-26-3

SISÄLLYS

YKSINÄISYYS

(– Minä olin maailmasssa! – Elämäni sävel!)

...on yksinäistä vasta kun toivo on kadonnut!

POISSAOLEVA

(– Koulutettu! – Harjaantunut!)

Katsoi minua tyhjin silmin,
silmät täynnä itseään,
katsoi rakastavasti mua silleen,
ohi siitä mitä olin, olen

Se lupasi rakastaa,
tarvinnut ei minua vaan suorituksen,
olin paikalla siinä,
katsoi ohi,
olin siinä minuna

Koin sen, olin poissa luotasi, paikoillani siinä,
lupasi rakastaa,
otti paljon,
jäljelle jätti luurangon musta,
kun ei katsonut

Olin siinä itselleni,
koin sen

Sinulle sama kuin peilikuvani,
olin siinä, olin siinä, sellaisena...

LAPSUUDEN MAISEMAT
(– Mitä jäi? – Mitä oli? – Heidän keskellään!)

– Ei mulla ole kuin nämä maisemat
ja tavat nää... Heidän keskellään!
– Sydän siellä!

(– Olenhan kohta 45 v. Mitähän se vanhuus sitten on?)
(– Onhan ne kauniit maisemat kuitenkin!)

RAKAS

– Kuka olit?

LOPPUUNAJETTU

(Psykofyysinen juttu)

– Tyhjä...

(– Tätäkö te halusitte pelkästään? – Rakkautenne sydämessäin!)

PYSYÄ PYSTYSSÄ

(Elämä siinä – Kahdella jalalla!)

– Niin kuin aina...

RAITTIUDESTA

(– Twisting my sobriety – Haamut seinillä öisillä)

– Siiryin vahvempaa olueen, että joisin vähemmän...

– Nyt selvinpäin on vaikea kävellä suoraan...

– En kaipaa mitään... Unen tapaista...

– Olen valveilla...

ILOISET – LÄMPIMÄT

(– Kolmen viikon baarissakäyntitauon jälkeen! – Halauksella!)

– Oli kaivannu mua...

– Se oli se kantabaarin hyvännäköinen kantatarjoilijatar...

– Mut oli kaivannu aidosti!

ÄIDINRAKKAUS

(– Mun mutsi! – Anna se takaisin tarvitsen sitä enemmän kuin sinä 2
– Kerroin sille murheistani!)

Muuttui vain päiväksi kerrallaan,
sitten olin taas poissa...!

Hyväksyi mut tällaisena,
en ollut siinä,
vaihtoi puheenaiheen itseensä

PITÄÄ YHTEYTTÄ

(– Yksipuoleisesti sinun! – Pinnallista ystävyyttä...)

Mun seurassa viihtyi kaikki

Siihen se sitten jäikin...

Maksoin aina puhelinlaskun

KUULUU!

(Se on aistimus!)

Kuinka iloiseksi tulee kun puhelin soi
eikä numero ole vieras
ja on jo lakannut odottamasta...!

IHMEISSÄÄN!

(– Päältä tyynni! – Sisällä huutaa! – Ilo on heidän
puolellaan aina!)

– Mitenkähän ne muut pärjää kun mulla on tämmöstä...!

(– Enhän ollut teennäinen, mutta ei siitä ole hyötyä,
että kertoo tunteistaan tai voivansa pahoin...!)

TASAPAINO

Muistanhan olla kiitollinen siitä mitä minulle on suotu!

ELÄVIEN KIRJOISSA

(Elämän suurkuluttaja)

Tallettanut en tulevalle,
säästänyt lain,
elin vain...
Kai sen ansaitsen!

TIEN PÄÄ

(Lavealla tiellä!)

Ei haittaa vaikka muuttuisi poluksi,
jatkan matkaa,
siinä kohden kun muut jatkavat huvituksiaan,
kuljin sillä jo,
oli jalkojen alla mitä vaan...

KENKÄ EI PURISTA

(Ei niitä aina tarvii ollakaan!)

Omistin mitä tarvitsin,
ei sekään ollut minun...!

PERUSSUOMALAINEN

(– Kaikella on tarkoituksensa!)

– Suu on syömistä varten?
– Ei muuta!

YLI NELIKYMPPINEN NAINEN JA MAKSUMIES
("Aikuinen nainen" ja sinkku... Hän tiesi mitä hän haluaa?)

Se tekee töitä päivät pääksytysten elattaakseen itsensä,
kärsii (– Vai nauttii?) siivousneuroosista siinä kohtaa kun on tajunnut,
että mies tiesi sen perustuksen jo parikymppisenä
Hän voi olla tasapainoinen tai sitten potea masennusta ja yksinäisyyttä...

Se ei kadu,
pitää lapset itsellään ja syyttää miestäkin siitä kaikesta,
että on sellainen

Mies ruokki, kenties pyykkäs,
nyt itsensä vain

Ne elää ittelleen,
sinkkunainen saa baarista pokan kun mies ei halua kuin panna?

– Maksatti toki kaiken...!

MIES HALUAA VIERELLEEN NAISEN

(– Terve parisuhde? – Puoliksi hoidettu?)

Kaiken se kestää,
kaiken se tekee,
kodinkone, takuu voimassa,
ei halua maksumieheksi,
tietämättään on jo sellainen,
maksaa täytyy toki jokaisen itsenäisen...

ÄITI JOTA EI KOSKAAN OLLUT!

(– Mites mun lapsuus?)

– Siinä se on ja hoitaa miltei viisikymppistä lastaan...

YHDESSÄ OLLEET – HÄN MENI TEILLEEN...!

(Hän halusi sen niin!)

– Mitään ei jäänyt sanomatta ja kaikki jäi kuitenkin...

ASIA

(Blanko!)

Ei mitään sanottavaa (enää)...

HEIDÄN MAAILMANSA

(Genetivissä!)

En sinne kelvannut...

Yritin sitä

En sinne kaipaa, halua

Ei sinne halunnut kukaan mukaan,

olen varma siitä...

Mutta siellä he ovat maailmassaan

Minä vain vieraileva tähti

He aina muodissa

Kuka heitä muistaa

Paitsi he itse

KUUN ALLA KELMEÄN

Muistelen maailmankaikkeutta

Muuta ei ollut

KYYNEL
(Tavallisuus)

Mikä saa heidät nauramaan,
usein itkettää (se) minua sitä vierestä katsoen

Turhaa nauru ja se kyynel siinä kummatkin

YKSINÄISYYS 2

Muutkin ovat yksinäisiä minä tiedän sen,
heidän täytyy (olla),
mutta he tuntuvat saavan tyydyksensä siitä...

Sen mitä minä en osannut siitä ottaa...

NÄIN SEN PITÄÄ MENNÄ...?

(Näin meillä on aina ennenkin tehty)

– Ei siinä mitään sitten...

NAIMAKAUPAT

En ole kaupan,
mutta kuulin ystäväni tehneen hyvät naimakaupat tuossa...

KUITENKIN

– Minulla on sisältö elämässä...

VAURAAT ELÄKEPÄIVÄT

(– Syödä kuormasta!)

– Hän näki ne edessään ja eli ne valmiiksi

– On minullakin suunnitelmia elämässä,
ne on tässä...

ENNUSTUS

(– Elää siellä!)

– Huomenna se tapahtuu...

HÄN SIJOITTI VANHUUTEEN

(– Vaurautta sekin kai on? – Unelma plakkarissa?)

– Teki kahta vuoroa saadakseen asua sitten juuri siinä,
mihin oli muuttanut sitä varten
ja kaikki olisi sitten hyvin...
– Tuli vanhaksi (ja yksinäiseksi?) siinä samalla!

MIKÄ MUSSA ON VIKANA?

(Mitä mun sitten olis pitäny olla?)

Se sanoi: Olet liian oma itsesi!

TUNSIN KALTAISENI – LUODUT TOISILLEEN SILLAIN

(– Hän on kaunis nainen! – Kohtaaminen maailmalla!)

Hän kännää joka ilta
On omavarainen
Kiroaa yksinäisyyttään

Viihdyin hänen kainalossaan

Hän ihastui minuun ja kertoi sen minulle
Halusin olla hänen kanssaan

Hän halusi olla yksin...

Ajattelen häntä tänään...

Hänen fantasiassaan olin hänen miehensä kuitenkin,
sanoi senkin...

SATUPRINSSI

(– Kohtaaminen maailmalla 2! – Eli sadussansa!)

Olis tutustunut muhun
Olisin voinut olla se
En tiedä kelle hän puhui puhuessaan minulle...

Ei kelvannu prinsessaksi omaan maailmaansa...?

EIVÄTKÖ HE ITSE NÄE SITÄ?

(– Vähään tyytyneet!)

– Luulivat olevansa itsejään, jotain...
– Kolahtaako...? – Kun kysyn?

– Kaipasit jotain muuta!

– Minä tiedän!

HILJAA

(– Ei puhunu mitään... – Hän oli tärkeä!)

Katsoin kun hän pienin elein poistui mun elämästä...

Tila sydämessäni autio...

Kaikelle on paikkansa, tiesin sen!

MUUTOS – SE SAA KASVOT

(– Otin sen vastaan)

– Tiesin mikään ei katoa...

KONTROLLI

(Siinä se!)

– Olin vaan tämmönen...!

SE ILAHDUTTI MUA

(– Tiedän sen! – Yksi harvoista)

Hän oli läsnä
Ei tarvinnut mitään
Oli vaan läsnä

HYVÄNNÄKÖINEN?

(– Moni kakku päältä! – Kermat rinnuksilla siinä?)

Jos ahmii maailman sellaisenaan,
voi käydä niin, että kermat on rinnuksilla,
eikä suussa herkkuna makeana
Ja muut näkee että paitasi on likainen,
vaikka pesisit sen joka päivä

TOIVO

(Sinussa!)

Täynnä ihmistä, kuitenkin siitä poissa
en unta nähdä jaksanut kun en sitä saanut
aatoksen saadessa mut piehtaroimaan pimeän keskellä

Se vaivaa mua vielä: Miksi?

Vaikka tiesin sen

Eikö voitaisi vielä yrittää?
Kerran yhdessä...?

Aattelin sitä...
Se kuuluu mullekin

NÄKISIT ITSESI!

(Optinen harha!)

Oletko varma, että teet niin kuin annat ymmärtää...?

PÄÄ OMA

(Ei muuta)

Sen tarvitsen...

OTTANUT

(Tarpeeton)

Se otti aikansa,
teki mitä halusi,
ei kunnioittanut mitäään, ei mitään

Viimein kun sanoin: Nyt riitti!
Se häipyi muualle ottamaan
Miettimättä, että minulta otti töitä sen eteen mitä annoin ja
hän otti sen päälle lisäksi

En sanonu pahasti, vain että riittää... Ja senkin puheäänellä,
ääntäni korottamatta...

Sitä voi lopettaa ottamisekin kun ensin pyydetään kauniisti...
Ei sillä perusteella välejä tarvitse poikki kokonaan laittaa?

Voi tuntua tarpeettomalta sellainen...

YLEN ANTANU

(– Otettu – Silleen!)

– Teki oikein hyvää...!

– Annoin kaiken...
– Se ei riittäny?

– Annoin ylen...!

PIENI

Pieneksi tässä tuntee itsensä muutenkin maailman keskellä...!

ELI MUISTOISSAAN

– Loppuun asti...

ELÄMÄ
(He jättivät sen yhden kortin varaan)

Luottivat vain itseensä
eivät halunneet tukea
silloin kun tuntui

Siitä se kaikki on kiinni

LÄHIMMÄINEN

Se petti mut
Heti kun sille tuli muuta se juoksi asioilleen
tai muuten vain ei kerenny välittään

Mitä saikaan musta?

PÄÄ VAIVA
(Psykiatri)

Täytyis varmaan mennä, että sais mielen pirteemmäks
Mutta mitä mä sen pillereillä...?

Se on teissä se homma

Ei se oireen syy psykiatrin pakeilla lähde...

MAKSETTU RAKKAUS?

(Virkansa puolesta)

– Psykiatriko on ainoa, joka välittää...?

(– Ehkä teidän kannattaisi käydä terveet...)

OPETETTU KUULEMAAN

– Tavat sen mukaiset...

LAPSUUDEN KAVERIT

(Puuttuks tästä nyt jotain!)

Oliko se teille todella itsestään selvää jo silloin,
että kasvetaan joku päivä aikuisiksi eikä pidetä yhteyttä
enää kun kerran pari vuodessa muodollisesti...

Mä kun luulin, että siinä oli silloin muutakin!

TEKOPYHÄ

(– Niinhän täällä tarttis olla! – Hymypojan hymy huulilla!)

– Se ei oo aito

– Pitikö olla?

ERÄÄNLAISET KUULUMISET

(– Hän kertasi itseään! – Paidan kuulumiset?)

– Tää on ollu hyvä paita...

– Mulla ois kyllä ollu kuulumisia, mutta ne ei kiinnostanu...
– Taaskaan!

ERÄÄNLAISET KUULUMISET 2

(Ei sen kummempia!)

– Nuuska on loppu...
– Täytyy hakee R:ältä lisää...

AATOS

(– Tajusin sen! – Siinäkö se on?)

– Olisiko pitäny rakentaa oma suojalinna,
jossa sinun olisi pitänyt voida ostaa kaikki elämääsi ja elää hyvää
elämää siten...?

– Aina varautuen siihen, että joku ilmoittaakin, että ei ole enää
kaupan

– Pitää orjalaumaa ja aina varautua siihen, että joku pettää...!
(– Ja tienanata vaan yksinkertaisesti niin paljon, että pärjää senkin
jälkeen!)

ITSEKUNNIOITUS ON TÄRKEIN

– Eihän tässä muuta voi...!

KESKINKERTAISET

Kysyin: Mitä kuuluu?

Vastasi: Samaa kuin ennenkin...!

Unohti kysyä minun kuulumiseni.

RAUTAA

Vain nyrkkeilijä tietää miten on elettävä...

MAKSAA VIULUT
(– Ne taisi olla Stradivariuksia! – Se sävel munl! :))

Soitelessa tässä säveltä sydämen katsoin maailman menoa,
soittelin sydämellä pois sen mitä muut eivät uskaltaneet

– Omistivat mut...

Minä uskalsin tuntea,
heidän tuskansa harteilla edelleen...

ANTEEKSI(?)

(Pyhitetty?)

Jotkut tekivät niin pahaa,
ettei ne kehtaa edes anteeksi pyytää vaan katkaisee välit ja
pakenee sitä...

Jotkut haluavat anteeksi pyytelemällä jatkaa samaa...

ONKO MIKÄÄN ENÄÄ PYHÄÄ?

(– Tuntui! – Enkö mä osaa tehdä syntiäkään oikein?)

Mun elämä ei ainakaan kun syntinen olin muiden joukossa...

EMMÄ KELPAA?

– Kelle piti kelvata?
– Kelle he kelpasivat?

PALVOTTU JUTTU – PEILIN EDESSÄ?
(– Keskuudessamme! – Pyhitetty! 2)

– Opettivat kumartamaan Jumalan kuvaa,
laupiaina karitsat tekivät sen

(– Katsoivatpahan ainakin peiliin, joskaan kukaan ei kehoittanut)

PARISUHDE

– Joko olla yksinään
Tai sitten kaksin ja toisen(tensa!) armoilla

– Kuka tuntee toisensa
tai itsensä...?

RAKASTUA?
(Ei muuta?)

– Omistaa tunteen(sa)...?

SIINÄKÖ MAAILMA?

Minä näen sen pääsemättä mukaan sen menoon...
(Saati sitä pakoon...!)

– Pitikö päästäkkään?

– Kuulun siihen silti ohdakkeen lailla

ONNET ON

(Hymy huulilla)

Onnet on tehty jaettaviksi

Ei yhden onnella mitään tee

Onnet ovat maailmalla kätkettyinä ihmisiin

MAISEMALLISET – VÄRILLISET

(Arkkitehtooniset...)

Pastellivärit nyky rakennuksisssa eivät kuulu Suomen sinivalkoiseen...

OTTI NE OMIKSEEN

(Mun kuulumiset!)

– Oliks säkin siellä meidän kanssa silloin...?

(– Hyvin tiesi etten ollu... – Mut mutsi halus muiston itselleen siitäkin niin kuin se olis tapahtunu...!)

KUULUMATTOMAT KUULUMISET!

Et näe sisälleni
Kerron kuulumiseni siksi

Miksi mitään ei tapahdu?

SILMÄTERÄ(NI)
(Maailma!)

Tyhjät silmät...

YKSINÄISET KUULUMISET

Tuulen sointi korvissani toi lohdun....

TILANPUUTE

(– On kai isompi toista siten!– Kai meille kaikille olis
tilaa täällä ollut?)

Jos päässä ja sydämessä pyörivät vain omat kuulumiset,
miten voi tietää mitä toiselle kuuluu...?

KANSALLISET

(Sillä tavalla!)

Päin persettä menee,
mutta antaa mennä vaan...

TOIVO 2

(Hyvä juttu!)

– Äänestyslipussa se...?

SÄITÄ PIDELLY?

(Millä tuulella olet?)

– Mistä sitä nyt muustakaan puhumaan...?

SEURALLISET

(– Tunnusta väriä! – Heimolaiset!)

– Samaan säätyyn tahi kuppikuntaan kuuluvien kuulumiset muistuttavat yleensä toisiaan...

(– Samankaiset kuulumiset hakevat toisiaan?)

MILTÄ SE TUNTUI OLLA SIINÄ?

(– Ehkä nojaan siihen!)

Kun kaikki olivat pettäneet ja menneet pois,

En mielistellyt koskaan,
olin ollut tempperamenttinen jos loukattiin,
pahapäinen en koskaan,
aina annoin käden jos joku tarvitsi

– Missä oma käteni nyt on...?

KAHVIPÖYTÄKUULUMISET – EI KUULUNUT MITÄÄN

(– Kumpaankaan suuntaan! – Kastettavat!)

– Ei se tullutkaan mun seuraksi...

– Ois ees ilmoittanu...!

– VITUTTAA! – PERKELEESTI!

– Se on eri asia kuin itsesääli!
– Mut kuuluu kuitenkin...

HUOMIONHAKUISET!

(Se on itsekästä!)

– Aloitti puhumalla omista kuulumistaan...!

STRESSAAVAT

(Se jaksoi kertoa sen aina!)

Sen sisarvainaalle kuului aika paljon aikoinaan
Mitähän tällaisten kuulumisten kertojalle mahtaa
henkikökohtaisesti kuulua kun sisar vainajoitui jo hyvälti
reilut kuusi vuotta sitten
Sitä paitsi kuulin ne samat kuulumiset jo silloin kun ne
kuuluivat hänelle

– Mitä se minulle kuuluu tänään?

VAITONAISET (IHMISET)

(Heidän asiansa?)

Kyllä he puhuvat (minullekin)
Mutta heillä ei ole minulle mitään asiaa

PALO SYDÄMEN

(Se palaa vielä!)

Ei sammu,
vaikka ne kuinka puhaltavat siihen,
liekki huojuva tää elämä on,
mutta sammumaton,
se palaa vielä, se palaa vielä,
liekki sammumaton, mun oma!

HUOMISET

(Tyhjät silleen)

Se kertoi mulle haaveistaan
Istui vain siinä

ENNENKUULUMATTOMAT

(– Niinkö?)

– Eihän niitä ennen kuule kuin näkee...

MUN YSTÄVÄ ERÄS

(– Pitkäveteiset! – Riutuvat!)

Teki naimakaupan edullisen edukseen
Sillä on kunnon työ, missä se ei viihdy päivääkään
Se odottelee eläkepäiviä

RAKENTAA ELÄMÄÄ

(Se rakensi itsensä)

Tein vain tarpeellisen...

MITÄ KUULUIKAAN MAAILMA?

(– Vieläkin jaksoin! – Heidän bisneksensä keskellä!)

– Aina jaksoin kysyä itse…!

– Hän kertoi sen itsekin varsin jyrkkään…! – Hyvin menee…!
– Muisti mainita äskettäin kohonneesta palkastaan samalla…!

OLEN KAIVANNUT SINUA NAINEN

(– Vierelläni tyhjä paikka! – Täyttäisitpä sen!)

– Missä olet…?
– Kuuluisit siihen…!

– Ujohan en ole!
– Ei se siitä kiinni ole!

– Kysyn kuulumiset!
– Saa muiltakin kysyä!

NOITA

(Kuulumisia maailmalta!)

Niitä ja näitä jorinoita noita,
turhia kenties noita,
joita viljelee suut aivottomat,
levottomat sielut, noita juttuja sieltä,
noita levottomia, hapuilevia jorinoita,
joilla yritetään päästä maailmaan,
pääsemättä siihen sittenkään mukaan

– Luuli ehkä olevansa...

KOHTUULLISET(?)

(– Hinnattomat!)

En ehkä joutunut maksamaan itseni kohdalla,
muuta kuin kaiken

Kohtuullinen kauppa siinä?

OMILLA ANSIOLLA!

(– Kyllä tässä eletään vielä! – En tarvinnu sitä teidän maailmaa!
– Sydäntä vailla te?)

– Tässä sivussa vaan, ansioton kun oon?

– Enkä ansainnut kuulumisiakaan, kuultavia sellaisia?

– Läpikuultavia heidän ajatuksensa kenties?

– Eivät sydämestään kiinni pitäneet vaan päästivät sen
maailmalle, omansa,

eivät pitäneet kiinni,

eivät pitäneet kiinni,

muuta kuin itsestään

– Kenestä me sitten pidimme kiinni, kun heimo on
demokratiassa eikä järjessä...?

– Ei omat heimolaiset sotinu toisiaan vastaan historian aikana
ikinä

– Nää ajat, kuulumiset sen, kaikkialla ympärillä!

VANHUKSET JÄÄVÄT AINA YKSIN

(– Systeemimme inhimillinen puoli? – Eilen hyvinvoinut!)

– Kun elämä on takana jäät vielä yksin...

PITKÄVETEISET

(Uudestaan ja uudestaan!)

Se jutteli lihan hinnasta
ja siitä kuinka mummot tappelivat taas viimeisestä
paketista marketissa...

KUULUI SULLE

(– Kuuluiko? – Ainakin piti!)

– Kaikki kuului sulle...?
– Paitsi oleellinen... – Kaiketi?

OMINTAKEISET

(– Itse tehdyt!)

– Tein mitä tein...
– Kuului mitä kuului...

SANATON

(– Kyynel! – Ilmeikkäät!)

Ilmeeni kertoi kuulumiseni

Ketään ei vain ollut paikalla kuulemassa

YMMÄRTÄVÄISET

(– Kuitenkin!)

– Se toivoi mulle kaikkea hyvää
– Oli ajatellu mua...!
– Se tuntui hyvältä!

MAISTUVAISET

– Kilistettiin kolpakoita maailman menossa...

HYVÄT

Muodollisesti kakki hyvin...?

KOULUSSA OPETETTU
(– Istutetut! – Syvään juurtuneet! – Siitä se johtuu?
– Yhteiskunnan kuulumiset)

– Useimmilla ei ole (omaa) päämäärää elämässään...

SE ELI MENNEESSÄ 2
(– Olemattomat – Eiliset 2)

– Kun tulevaisuus on jo takanapäin silleen...

MULLE EI KUKAAN KOSKAAN OPETTANUT MITÄ ELÄMÄSSÄ PITÄÄ TEHDÄ

(– Tein sen silti!)

– Olin aina rehellinen....

MIKSI OLEN OLEMASSA?

(– Siinäkö se?)

– Naisen pitää saada lapsi ja siitä pitää tulla insinööri...!

– Näin minulle on kerrottu! – Äiti sanoi sen...

– Täytyy sille olla jokin muukin syy!

RAKKAUS

Autiotuu yhteinen maja pian
Löysin siihen vian
Yhteistä kurkihirttä on turha pystyttää,
harteilla kantaa,
kun toisesta voisi välittää omillaankin

YHDESSÄ

(– Pystytkö lunastamaan lupauksesi!)

– Elämä on pitkä aika...

– Olemme ihmisiä...

– Minäkin...

– Täällä ollaan!

YHTEISKUNTAKO VÄLITTÄÄ?

(– Numeroina sille tässä!)

– Yhteisöllisyys siinä tänään?

– Mekö sen loimme näin?

– Meidän oikeutemme... Se?
– Luoda?

VOIDELLUT

(– Työvoimatoisto? – Institutuutio!)

– Sille kuului mitä hän halusi...

SE SATTUI MUA

(– Äidin sydän! – Loppuun asti!)

Milloinkaan ei lakannu penkomasta salaa mun kaappeja
mun kotona,
vieraaksi kelpaamaton!
Se teki pahaa, satutti mua, vaikka tiesi ettei saisi,
loppuun asti,
luuli olevansa hyvä äiti silti!

KOSKETTAVAT

(Kosketukselle arat)

Sanat koskettavat, koskettavat ihoa, sielua, sieltä sisältä,
se olisi niiden tarkoitus

Niin jää suojamuurienne taa paljon elämää, elämätöntä,
mutta tehtyä silleen

– Koskettaahan se!

KOSKEMATTOMAT

(– Luurangot pyörivät kaapeissa! – Äänetön valssi)

Levottomat aatokset selvittämättömät,
luiset suorastaan,
kaapeissa mielen, kolisten siellä yksinänsä omaa tanssiansa,
sen askeleet nään ympärilläni,
tunnen rytmin sen

Taajuuden toisen omaan tän,
hiljainen se tahti heidän on,
silti hektinen ja hetkessä muka mukana

– Se meni jo...!

ARVOKKAAT

(Teadraaliset!)

Teki sen taitaen,
röyhelöitä hihoissansa, kuulumisissansa,
oli ainoa joka näki ne sillain...

PUOLESTA KERROTUT

– Se kertoi mielestään mitä minulle kuului...
– Sen verran arvosti...

HERRAIN (SELLAISET)

(Naurettavat!)

– Hukkuivat omaan nauruunsa...!

EI LASTEN KORVILLE

(– Ihminen! – Ei itsetuhoisesti ajateltuna kuitenkin!)

Olen vasta neljäkymmentäviisi,
mutta tuntuu siltä, että olen tehnyt jo kaiken mitä halusin
täällä, sen minkä piti
Eikä täältä löydy, maailmasta mitään
tai ole minulle mitään...!

EI LASTEN KORVILLE 2

(Tulevaisuudennäkymät!)

– Enhän naista voi koskaan saada vierelleni,
koska ne ei halua mua, mun persoonaa vaan miehen
mieheksi itselleen (Tai mun lompakon?)
ja ne on epävarmoja siitäkin...

– Enkö ole mies?

– Pitivät miehenä kuitenkin...!

– En koskaan uinut kenenkään liiveihin!
– En ole sellainen!

– Ystävät, uudet, ei kävele kadulla vastaan...

DEITTAILLUT?

(– Nainen! – Jännä pakkaus! – Milloin hän tahtoi?)

– Hän (He?) haluaa olla yhtäaikaa vain kaverini ollen samalla mustasukkainen minusta

– Hän haluaa kanssani seksiä silloin kun HÄN haluaa... – Silti!

– Hän katsoo minua, miestä, nokkansa vartta pitkin alas päin ja pitää vissiin vähän yksikertaisena vain, koska olen mies, tutustumatta minuun kuitenkaan ensin...

– Hän on kaunis, hän on mukava...!

– Hän saa mut ihastumaan, rakastumaan silleen...!

– Ei tullu treffeille kun sovittiin...

– Kutsui itsensä kylään ja joi mun oluet...!

– Se pyöritti mua...

– Minä kun olisi tarvinnut tasa-arvoisen kumppanin, jonka kanssa jakaa asiansa, elämänsä, olla tukena molemmin puolin, hellyyttä ja turvaa siitä itsekin sillain...!

TOIVO 3

(– Se itää!)

– Tunnen rakkauden...!

KESKENKASVUINEN – OLI PAREMPI MUA

(– Otti mut silleen... – Puhu nyt siinä?)

Se kuvitteli mun elämäntarinan, kokemukset, maailman
ja kuulumiset siinä vain oman empiirisen kokemusmaailmansa
kautta...

SE ELI MENNEESSÄ 3

(Sopeutuja)

Rakensi maailmaa itselleen,
(siihen) uuteen silleen

PÄÄ OMA 2

(– Henkinen kapasiteetti! – Sillä pärjää!)

Sitä pitää olla ja kasvattaa...
Muuta ei juuri ole...!

ALASTOMAT – VERHOAMATTOMAT

(– Häveliäät! – Soveliaat! – Valheen verhoa en tarvinnut!)

En peitellyt mitään,
ei tarvinnu,
en ollu häveliäs sillai kun siltä tuntu

Itkin, nauroin ilman hepeneitä,
niitä tärkeitä,
päälle istuvia?

Istuinhan sekaan tällaisena(?)
Ei sitä sanoa saa?
(Pitää vain kärsiä nahoissaan todellakin...?)

En ollut niin alaston kuin luulit

ANSIOSIDONNAISET?

(Siitäkö se riippuu?)

Niin paljon kun kuluttaa toista,
niin paljon saa,
itselleenkin sitä samaa,
ansioitunut sitä kautta itsekseen kaiketi sillä tavalla,
no miten vaan...

– Voiko kuulumisia kysymällä kuluttaa liikaa?

TOIVORIKKAAT

(– Omisti elämänsä! – Ja muut siinä myös? – Karsitut!)

– Luonnollinen valinta...?

OSATON

Osat on meillä kaikilla,
minullakin

Osat on koossa...!

AATOKSISSAIN

(– Mietin vain, jos teidät on opetettu luonnonvalinnan ja
rahanvalinnan kautta ajattelemaan,
tekemään "päätöksiä"...)

– Oletteko omia itsejännne ollenkaan?

– Minä teidän keskellänne vieläkin...

SOPUSUHTAISET

(– Mittaisensa! – Kenen sanelemat?)

Mahtui raamiin,
mutta puristavat ne, me, kai liikaa,
väärään kuosiin asetut, ehdonalaiset kenties,
kenkä puristaa, itse ostettu, mutta halpa kuitenkin,
massamuodikas sillain, kuosi toisten siinä
– Mahtui kuosiin hänen....

KOHTUULLISET

(– Näihin kuulumisiin!)

– Jaksoin uskoa, koska joskus näiden tarvisee muuttua...
– Se on meissä!

ALASTOMAT 2

(Värjötellyt! Taas!)

– Vilu tässä tulee teidän kanssa, vaikka palttoota pukis
päälle ja liedessä ois lämpimä
ja kaikki hyvin sillain ajeteltuna
– En silti ollut tyytyväinen vaan alaston ja hauras sisältä
– Vaadinko liikaa?

– Ei se oo nudismia!

AIDOT

(Hänelle kuului aidosti)

Lämmitti kuulla ne
Hänelle kuului hyvää
Se hehkui hänestä
Lämmitti maailmansa ympärillään sillain

KIREET

(Ei se musta johdu!)

– Mikä siinä on että kanssaihmiselle on niin vaikea tutustua toiseen...?

– Ei kuulumiset kuulu jos ei tuu edes nähdyksi!

OIKULLISET – NO MIKS SE SITTEN KYSY?

(– En ois kertonu sitä muuten! – Luulin että hän välitti!)

– Kysyi kuulumisiani
– Kerroin menestyksestäni
– Piti mua tyhmänä kerskailijana

– Eikö hyvistä asioista voi puhua kun kysytään!

TIMANTTI

(Kovaksi puristettu paineen alla!)

– Rosoisenakin kaunis...
– Kenties herkkä
– Arvokas silleen!

EN OSTANUT ELÄMÄÄ

(Diogenes)

EN koskaan osannu puolustautua...!

Enkä tarvinnu, statusta, kilpiä, suojamuureja
Eikä tarvinnu mun olla ihmistä isompi

Vaan elää vain...!
Ja hyppäsin aina empimättä tuntemattomaan siks
(Ja osuin turvaverkoon allani!)

NÄIN ON HYVÄ

En tiedä mitä huominen tuo...

Ei tarvitsekaan!

Ei sitä voi tietää....

KUN KAIKKI ON VIETY
(– Jää vain itse!)

– Ei jäänyt kuin minuus...

MENESTYS?

– Työ vie näön siitä mitä elämä on?

– Toki työtä täytyy tehdä,
mutta mieluummin OMIIN LEIPIIN!

PAPIN KUULUMISET

(Täynnä herraa)

– Herran kukkarossa me täällä?

OMAT EVÄÄT

Joskus kaipaan niin paljon sitä mitä siellä oli,
mitä tarjottiin

Siitä juopuneina kävelevät he kaduilla
Törmäilevät minuun, varjot elämän
Menevät kouluun,
pääsevät kesälomalle, iloisina

Minä teen töitä joka päivä
En pyhitä edes lepopäivää
Ehkä sen puolikkaan
Muuten ei jaksa

Tänään pysähdyin miettimään

KOKONAISET

Täysillä mukana, kumminkin
Kolhuja kaikille tulee,
mut sydän tallessa

Se on tärkeintä

MAUSTEISET

(– Höystetyt – Kaikilla kenties?)

– Makunsa kullakin...

NE OMISTAA TAITEEN(KIN!)

(– Taidetta ei voi omistaa! – Se ON yhteistä!)

– Sielussa jotain vapauttamatonta...?

– Olisitko halunnut tehdä jotain muuta elämälläsi...?

VALTAKUNNALLISET 2

– Kaikki tekevät sitä minkä parhaaksi katsovat...

– Ja katsovat seuraukset jos kestävät...!

– Katsoin ne jo!

NÄIN KUULUMISENNE!

(– Sekin vielä!)

– Ei riitä, että tuputatte niitä korviin...

MÄ EN JAKSA ENÄÄ!

(– Ihan oikeesti! – Ne kuitenkin osti sen!)

Mua ei hotsittanu kuulla mikä oli tarjouksessa tänään missäkin
ja ajaa sen perässä kaupasta kauppaan ja hukata aikaani siihen...

– Johan se paskapaperin halpa hinta menee bensarahoihin...

(– Ne liikuttaa meitä!)

YKSINÄISYYDEN TYVENESSÄ

Vain elämällä poissa yhteiskunnasta
voit nähdä kuulumiset maailman!

PITKOSPUILLA ELÄMÄN

(– Minä näen ne! – Länsimainen sokeus! – Uppoavat!)

Kuka lie ne siihen laittanut,
näen ihmisten olevan kiinni suonsilmässä joka puolella ympärilläni...

(– Eivätkä he edes valita siitä vaan ovat varsin tyytyväisiä...
– Kanssakäy siinä nyt...!)

PRAMEAT – ARVOMERKITYT?

(– Mersun merkit iiriksinä silmissä! – Menestyksen tae?)

– Statuksen kuulumiset...!

– Kuulin ne jo!

PERI KATO

– Seuraa johtajaa he sanoivat
johtajansa suosituksesta

– Olivat he itse saaneet valita hänet...

KAIKEN SUMMA
(Osaan algebraa hyvin)

Löytyykö sieltä mitään...?

OMINTAKEISET 2
(Moni kakku päältä kaunis!)

Otti kuosin maailmalta,
pukeutui siihen,
ja mahtui kaikkien silmiin

– Kermat rinnuksilla taas?

SIIHEN JÄÄ!

(Sua katsoin kaunis maailma!)

Unien tuolta puolen,
sinut jos saisin tähän vierelle mun,
pitäisin ehkä kädestä hetken... Jos se voisi olla ikuisuus
Unista se on kiinni
Ehkä onkin?

Mitä me täällä näemme...?

SYLISSÄ MAAILMAN

(Hyvä olla vielä!)

Siihen vaivun,
mutta pidän varani

Tiedän missä olen...!

STAATTINEN?

(Olotila)

Tässä seison kuulumisineni enkä muuta voi...!

TYÖMIEHEN ARKI

(– Kovuus ja työ! – Hierarkiset! – Äänioikeutetut ja onnelliset siten!
– Siinä se sitten olikin!)

– Ei työssä väheksymistä ole...?

– Kansassa kai on on kun työmiehiä ovat...?

PUOLUEELLISET

(– Lain tuollapuolen...)

– Edustaa yhteiskuntaluokkaa tasa-arvoon perustuvassa hierarkiassa...?

SITÄ SUN TÄTÄ

(– Puolesta ajatellut – Sen täytyy tuntua vaikkei ulospäin näy!)

– Kun ihmisellä ei ole omaa mielipidettä...

POSITIIVISET

(– Radiostanne soi suosikkikanavanne – Leivottu sellainen!)

– Elän vielä, kuulematta sitä...

– Ei se sitä tarvii mun elämä...

PIDETYT

(– Elegantisti edustetut! – Unessakävelijä)

Kansan suosioon päässyt, toki edustaa itseään sillain,
kansan tavoin muka,
luo brändin, siihen päihtyy,
hukkuu ja nukkuu, syvään kuorsaten...

KUULUUKO KENELLEKÄÄN?

(– Oliko täällä mikään kenenkään omaa? – He halusivat
rakastaa silti!)

– Se kuului heille...
– Maailmansa kokonaan...

SUOSITELLUT

(– Veri ei vetänyt – Ei se tullut sydämestä laji oma sillain)

– Se suositteli sulle hyvää...
– Hommaa uusi harrastus ja tulet pirteämmäksi uusien
samanlaisten kavereiden kanssa?

KUULEMIIN

– Fraasi päättää yleensä puhelun...

– Vuorovaikutimme ehkä hetken...

NE TEKI MIELIKUVAN ELÄMÄSTÄÄN SIITÄ MITÄ HALUS

(– Ne eivät tienneet sitä... – Hinnalla millä hyvänsä sika säkissä?)

– OTTIVAT sen sellaisena...

– Tuli minkälaisena tuli...

KANSAKUNNAN 3

(– Kouluissa kielletty! – Ei ne tajuu sitä... – Johtajatkaan...
– Vaikka tajus linjat!)

– Miks ei ne lue Marxia tai Sprengleriä...?

– Niil on oppikirjansa!
– Kunhan omaan pussiin saadaan kaikki tämän elämän
aikana – muilta!

RAHAN KUULUMISET

(– Kuitti!)

– Kaikki pyörii rahalla...

– Rakkaus EI...

PAHAENTEISET

(– Sukupolvesta toiseen – Mikään ei muutu! – Tai autojen ulkonäkö ehkä muuttuu...)

– Näin senkin...!

(– Miten se on mahdollista? – On se!)

UNI

(Tulevaisuus on tässä?)

– Sellaisen maailman loimme, jonka kuvittelimme

– Ei se ollut sen näköinen?

– Sisälsi kuitenkin kaiken...

KIRJATTU KIRJE

(Koruommeltu!)

– Sähköposti piippasi...
– Odotin tärkeää kai?
– Onko sellaista?
– On kai?
– Kirjeen avasin,
se oli mainostajalta... – T-Paidat olisivat nyt halpoja...

– Ennen sentään erotti mainokset postista kun niissä
harvoin oli kirjekuori...

TOSIASIA

(Kovuus elämän tämän)

– Aika ei tehnyt minulle mitään...!
– Kaiken maksoin...
– Näin viimein mihin menin...
– Tekin maksatte...

TULEVASTA EI TIEDÄ

(– Näen eteenpäin päivä kerrallaan! – Toisin kuin silloin!)

Eilisestä tyhjänä kadut nuoruuden
Kaikki paikat tyhjinä
Tiedän, että tulevaisuus on!

KUULEMINEN – KOKO ELÄMÄ ON KILPAILU

(Vapaa sana!)

– Pitääkö olla kova ääni, että tulee kuulluksi...?

LAPSUUDENMAISEMAT 2

(– Ihmeissään vieläkin! – En juurtunut koskaan mihinkään!
– Maailman kansalainen!)

Siellä juoksin niin kuin silloinkin
Mietin vaiheideni jälkeen: Ei jäänyt perustaa, ei ollut silloin,
en ole mistään kotoisin, ei ole mitään minkä päälle rakentaa,
henkilöhistoriaa niin kuin muilla,
vaikka on kuitenkin...

MYÖNTEISET

(– Aamen...!)

Myötäjäiset hymyssä sun...?

ULKOA TULLUT!

(Sisälle jäänyt!)

– Kaiku maailmalta kenties...?

IKUINEN

– Sanat kaikuu hiljaisuudessa

– Muuta ei ole

– Tunne...

ITSE(KYYS!)
(Ihminen tunne itsesi!)

– Tiesin mikä olin
– Tiesin mikä olit
– Tiesin mitä kuuluu kumminkin

– Tiesin mikä olit
– Ihminen, iäisyys kenties
– Sisällään se

ESIMERKKI – KILPAILUYHTEISKUNTA?

(Kasvatus siinä nykyajan! Raitis ja reipas nuoriso silleen?)

Se päti lapselleen,
purkaakseen huonoa itsetuntoaan ja näytti pystyvänsä parempaan...
(Se lapsi oli pari vuotias!)

KESKIMÄÄRÄISET?

(Kansantaloudellisesti hyvin?)

– No, ihan hyvää...!

OIVALLISET

(– Iloinen sydän! – Hymyllä! – Sydämen sanoma! – Jotain hyvääkin!)

Kasvosi kertoivat kuulumisesi,
ne loisti asiaansa, oli sanojensa takana, seisoi suorin ryhdein
Ja ehkä syystä kun se ehkä tuli omien tekojen ansioista...

Hymy kun tarttuu on se oivallisin kuuluminen!

PYYHKEET!

(– Ne oli mun omat pyyhkeet mihin pyyhkiä! – Ottakaa muilta!)

Mä vain mietin miksi mulla ei ollu suihkun jälkeen koskaan omaa
pyyhettä kun asuin jonkun kanssa...
Vaikka ne pesin, kuivatin ja laitoin kaappiin puhtaana...

Vain omillani asuessani sain sen pestyn ja puhtaan...!

KLIINISESTI ELOSSA!

(Sydämen kääntöpuolella!)

Vaikka mitään muuta ei olisi
ja rakkautesi imisi minut kuiviin loppuun asti (kuin vamppyyri,
joka jättää eläväksi kuolleeksi!)
en näe muuta vaihtoehtoa kuin soittaa a-puolen uudelleen...!

OMAT? – PIENI IHMINEN

(Se palvoi sitä!)

Se kertoi aina pomonsa kuulumisia,
sille kun tapahtu niin paljon sen elämässä...

NÄÄN

(Ei se ollut minun vikaani!)

Nipin napin kestän sen tänään mitä silloin kestänyt en

KOSKETTAVAT 2

(Se ei ollut höyhenenkevyt kosketus!)

– Se koski mua koko homma...
– Se on staattinen, se on aamulla siinä kun herään...!

AIHEELLISET

(– Puheenaihe vapaa! – Sinä päätät!)

Silloin kuin jotain kuuluu,
on hyvä olla joku, jolla on korva ja sydän
En koskaan katsonut lätkää

KORVAT

(– Onko niillä mitään arvoa?)

– No, tasapainomekanisimi on siellä ihmisellä...
– Ois niillä paljonkin arvoa...?
Jos haluaa kuulla!

SYDÄMEN TARVE

(Kaikki riippuu siitä!)

– Mitä haluat elämältä...?
– Niitä on vain yksi

NE OSTI SEN... MAAILMAN

(– Ostettu rakkaus! – Kuka teki sen?)

Kaikki ostaa jotain...

Sen mitä ne haluaa

Persoonasta viis... Siitä millä maksettiin

Mitä itsestä tehtiin

Ilmeettä(?).... katson sitä (Sydän kartalla vielä!)

vierestä ystävät hyvät!

VILPITTÖMÄT

(– Eipä tässä muuta! – Eteenpäin...!)

– Se sattui...!

BLANKO 2

Paperilla on myös kääntöpuoli...

HILJAISUUDEN ÄÄNI – MINÄ KUULEN SEN

(Sointi sen puhdas!)

Minä kuulin sen silloin
ounastelin varhain

Toivoin niin kaiken muuttuvan

Nämä vuodet kymmenen, tässä
Se kaikki on poissa
Se kaikki mitä oli silloin, se mitä tapahtui
Tai ei sitä ollutkaan kuin äänessä hiljaisuuden kai vain?

Nyt kuiskata voin vain hiljaisuuteen: Pysy tässä...!

LUOPUMISEN TUSKA

(Tunnen uuden päivän tulevan!)

Mielelläni luovun kaikesta tästä, joka perustui siihen
Ja jatkan eteenpäin jaloillani vielä
Uskon vielä
Sydän täynnä helpotusta, silti

En unelmoi elämääni tässä

SEN TÄYTYY TAAS KUKKIA

(Uupumaton!)

Keitaan ääressä näin unen,
se kesti seitsemän vuotta ja sisälsi kaiken, mistä olin unelmoinut,
join keitaan vettä ja vahvistuin aina tarpeen tullen!

Nyt tiedän että on jatkettava uuteen uneen...

SE TAPPOI MINUSTA TURHAT ASIAT

(2556 päivää!)

– Se jäi mitä piti... – Tavoista, ihmisistä...
– Ja unelmani niissä päivissä...

– Vaikka en harhaan ollut tallonutkaan...
– Paitsi ehkä joskus aiemmin, heidän perässään...

Jälkisäkeet

ILOISET
(Suu messingillä syystä!)

Jotakin hyvääkin edes,
tajus sentään nämä asiat...!

KUULUMISET
(2019)

– EI MUA haittaa elän silti...

Jälkisanat

TÄMÄNPÄIVÄISET
(– Tuoreet! – Kerron ne sulle tässä! A.D 2019)

– Tässäpä nää hieman hieman vajaat 130 sivua kuulumisia...

– Nämä runot ovat kuulumiseni keväältä 2019.
  – Minua on sanottu aina hyväntuuliseksi, iloiseksi ja sympaattiseksi.
  – Mutta sanovat myös, että minussa on "synkkäpuoli", joka pääsee valloilleen aina silloin tällöin.
  – Sitä "puoltani" pelätään synkkyyntensä vuoksi.
  – Se näkyy näissä runoissa kai?
  – En minä ole synkkä ihminen...! – Ehei... – Mutta olen vain joskus "sillä" tuulella jostain syystä...?

  – Kirjoitin viimeksi kuulumisista tämän kokoelman ykkösosan: Mitä kuuluu! vuonna 2015.
  – Sitä ennen ajan hengestä runoina.
  – Ja ensimmäinen runokokoelmani: Hiljaisuuden ääni – Minä kuulen sen, alkoi syntyä vuonna 2009 ja julkaistiin vuonna 2013.

  – Mikään ei ole muuttunut.
  – Kuulumiset ehkä?
  – Meno maailmalla....
  – Ihmiset ehkä?

– Joka tapauksessa näillä runoilla on tarkoitus... – Ne vain ovat synkkiä... – Osa niistä.
  – Kuuntelinhan vain vierestä heidän kuulumisiaan... ja katselin.

130

- Tein kaikkeni, että kuulumiset olisivat parempia ympärilläni, minun omani...!

- Katkeruus, minussa on sanottu olevan myös sitä...

- Ehkä olenkin...

- Mutta ei... – En kanna sitä päivässäni!

- Mainitsen näillä riveillä äidin...

- Ja ei...! – Tarkoitukseni ei ole kostaa hänelle tai loukata häntä!

- Äiti on narsisti...! – Oli jo kun synnyin ainoana lapsena...

- Hän on lukenut nämä rivini ennen kirjan julkaisua ja tajuaa takaraivossaan... – Ja hänen kanssaan voi keskustella asiasta ja hän tajuaa tehneensä väärin ja loukaneensa minua taas! – Ja hän muistaa taas ehkä pari viikkoa asiani ja suruni, mutta sen jälkeen hän vaipuu taas takaisin harhaansa...

- En kerro äidistä vaan omasta tunteestani niin kuin kauttaaltaan näissä runoissa.

- Äitini on herttainen ja hyvää tarkoittava ihminen... – Mutta hän ei näe tilaansa.

- Narsismi on mielisairaus mihin ei ole hoitoa! – Varmaakin siksi, että narsisti ei näe omaa napaansa pidemmälle...

- Mutta joka tapauksessa sivun 94 runo: Näin on hyvä, siivittää ajatukseni kuitenkin vankasti tulevaisuuteen.

- Kirjoitin suurimman osan näistä runoista Juhannuksen maissa noin kuukaudessa käsikirjoituksen ollessa valmis syyskuulla.

Pekka Kari 17.9.2019

Pekka Kari teokset

Suoenergiaa, novellikokoelma, 2013

Hiljaisuuden ääni – Minä kuulen sen, runokokoelma, 2013

Kiven sisässä, novellikokoelma, 2014

Kaksi on äärettömyys, runokokoelma, 2014

– Tuli tehtyä, runokokoelma, 2015

Elämä, novellikokoema, 2015

Hengessä mukana,runokokoelma, 2015

– Pahimasta selvitty, runokokoelma, 2016

Mitä kuuluu! Runokokoelma, 2016

Mystinen juttu & Ruukullinen kultaa, runokokoelma, 2016

Mutikaisen Kallen päivä – Kaikki tapahtui pään sisässä?
romaani 2017

Peltikuoressa – In vino presens – Runoja juomisen iloista,
runokokoelma, 2017

Paratiisisaari 1–3, runokokoelmat 2017

Madame – Sheila suurkaupungin Kleopatra, romaani, 2018

Työ miestä myöden, romaani 2019